A Magia está dentro de Você

E a felicidade em suas mãos!

Maria do Sol

A Magia está dentro de Você

E a felicidade, em suas mãos!

D´LIVROS EDITORA

Direção editorial	*Leoberto Balbino*
Organização e preparação de texto	*Luciene Balbino*
Revisão ortográfica	*Barbara Eleodora Benevides*
Design de capa	*Jean Carlos Barbaro*
Ilustrações de capa e miolo	*Luiz Lucas de Camargo Carmoni*
Projeto gráfico e diagramação	*Jean Carlos Barbaro*

Dados Internacionais de Catalogação na Publicação (CIP) de acordo com ISBD

S684m Sol, Maria do

A magia está dentro de você...: e a felicidade, em suas mãos! / Maria do Sol. – São Paulo : D'Livros Editora, 2021.

144 p. : il. ; 10,5cm x 12,5cm.

ISBN: 978-65-89053-03-3

1. Magia. 2. Cartomancia. 3. Tarô. 4. Signos. I. Título.

CDD 133.4

2021-3845 CDU 133.4

Elaborado por Vagner Rodolfo da Silva – CRB-8/9410

Índices para catálogo sistemático:

1. Magia 133.4
2. Magia 133.4

2021

Direitos especiais de edição por encomenda à

D'LIVROS EDITORA

Tel.: (11) 3641-3225

e-mail: dlivros@dlivros.com.br

dlivros.com.br

Agradecimentos

Alessandro Amico
Ieda Ferreira da Silva
Ilé àse omidola ibitiodé
Iyá Bianca Ti Òsún
Bàbá José Ti Òsògìyán
Iya Lucimar de Yemoja
Iya Lucimar de Yemojabanke
Egbe Yemojabanke Egbeyemisi
Ilê Àse Omidola Ibitiodè
Babá Rafael Araujo da Silva
Ase Lofa Lokan Templo

Nome de santo... oloje iku IKÈ OBARAI-
NAN
Ally NEBARACKk do ilê ibo iku egungun
obarainan
Luciene Balbino Moreira Ferreira

PREFÁCIO

Uma das coisas de que eu mais gosto na vida são as surpresas. E confesso que Maria do Sol foi uma grande surpresa!

Certo dia, zapeando nas redes sociais, deparei com a foto dela e a descrição de que era cartomante e taróloga. Fiquei encantada com sua postura e a forma singela como ela se colocava. Pesquisei seu trabalho no Instagram e, sem pensar duas vezes, enviei-lhe uma mensagem pedindo uma consulta. Sou uma pessoa muito curiosa e, como sou escritora e dramaturga, adoro desvendar mistérios: os meus e os da vida.

Maria do Sol respondeu rápido e foi muito atenciosa. Gostei dela de imediato e a convidei para uma entrevista no meu canal do YouTube. Ela aceitou e fiquei lisonjeada.

No dia da consulta, fiquei admirada com sua assertividade. E o melhor de tudo é que Maria do Sol é mesmo luz, porque mudou minha vida. Por meio das cartas, ela me ajudou a perceber comportamentos e atitudes que eu tinha e que me prejudicavam. Foi incrível. Sou muito grata.

Alguns dias depois, ela me contou que estava escrevendo um livro sobre magia e que gostaria de publicar para ajudar as pessoas. Então nasceu nossa parceria, e eu me propus a organizar o livro para ela, encontrar uma editora, ajudar na divulgação e na data do lançamento em São Paulo.

Enquanto organizava o livro, ficou claro como ela é generosa. Não é todo mago ou esotérico que entrega sem custo tanta sabedoria e aprendizado às pessoas. Este livro, com certeza, vai ajudar homens e mulheres a ter uma vida mais próspera, com mais amor e felicidade. Afinal, é o que todos nós buscamos. No livro, Maria do Sol fala de banhos, ervas, pedras, flores, cartas... enfim, fala de fontes de magia para uma vida melhor.

Eu gostaria de deixar claro aqui uma coisa importante: cada um, individualmente, é responsável por sua vida. Quando Maria do Sol assina a sua obra e afirma que a magia está dentro de você, é porque realmente está. Só você tem a felicidade em suas mãos. Este livro o ajudará a encontrar esse caminho, mas é você que precisa acreditar, ter fé e fazer a mistura dos ingredientes, segurar nas pedras e transformar seus sonhos em realidade. Ninguém fará isso por você. Se alguém disser que tem poderes para transformar sua vida, saia correndo porque é mentira.

Então lute por si mesmo, transporte-se para a luz e para o amor. Não temos que esperar um mundo melhor para viver, mas podemos ser pessoas melhores para o mundo. Seja incansável na busca por si mesmo. Passe adiante este livro... divulgue... dê de presente a quem você ama e a quem precisa. Quem sabe assim ficaremos rodeados de pessoas mais realizadas e com mais esperança na jornada da vida. Até breve a todos e o meu beijinho.

Luciene Balbino
Escritora e dramaturga

SUMÁRIO

APRESENTAÇÃO

Este livro tem o objetivo de ajudar você a descobrir uma conexão mais saudável, rica, feliz e próspera consigo mesmo. É um livro fácil de manusear, prático e com ferramentas perfeitas para auxiliá-lo no dia a dia.

Escrito com muito amor e dedicação, o livro possui informações importantes sobre o mundo da magia que nos cerca. Mesmo que você seja cético, dê uma oportunidade a si mesmo de entender o lado oculto das coisas. Felizmente, encontramos muitas respostas no esoterismo. Eu pude e posso ajudar muitas pessoas que estão angustiadas, perdidas e sem uma palavra de conforto.

Sou cartomante e taróloga com muito orgulho. É um dom divino. O conhecimento deve ser passado para a frente e, neste livro, você encontrará um caminho e uma luz para viver melhor e mais feliz.

Nem tudo tem explicação. Tudo o que a ciência não pode explicar é considerado magia. Espero que possa ajudar a todos com minhas orientações. Saibam que podem contar sempre comigo.

A MAGIA ESTÁ DENTRO DE VOCÊ...

E a felicidade, em suas mãos!

Nunca esqueça que a magia está dentro de você. A felicidade está em suas mãos.

Maria do Sol

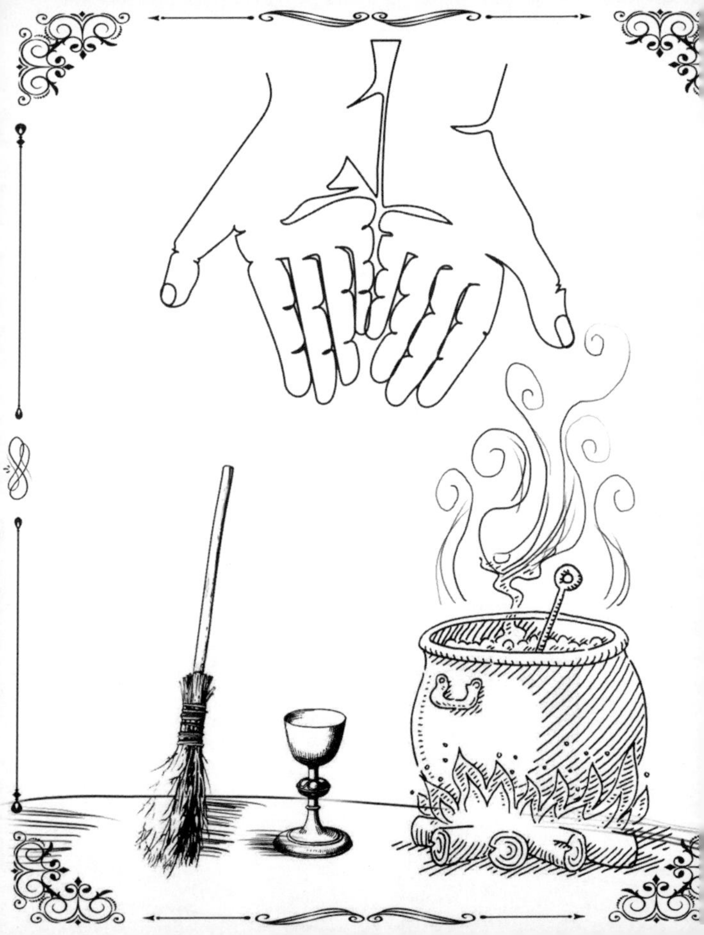

Quando uma porta da felicidade se fecha,
outra se abre, mas muitas vezes olhamos
para a porta fechada por tanto tempo que
não vemos a que foi aberta para nós.

Hellen Keller

Capítulo 1

INSTRUMENTOS E OBJETIVOS

Instrumentos

São utilizados em rituais de magia e podem ou não ser artesanais. Cada instrumento tem seu significado, dependendo de sua origem. Instrumentos mágicos são as ferramentas que todo bom bruxo ou mago deve ter para poder praticar magia. É de fundamental importância que todos esses objetos sejam limpos e consagrados antes de o mago usá-los, para obter maior eficácia nos rituais de magia. E eles não podem ser emprestados ou vendidos após o uso. Cada mago tem seus próprios instrumentos.

Os instrumentos são:

- **Ervas e plantas** – São muito usadas pelas mãos dos magos.
- **As mãos do mago** (um dos instrumentos mais valiosos) – As mãos são sagradas, porque são instrumentos de energia ao se fazer os trabalhos com ervas, plantas e demais materiais.
- **O diário da bruxa natural** – É o livro das sombras, que terá registro de feitiços, informações mágicas e rituais. Uma pessoa mística natural registrará sempre em seu diário as suas magias com ervas, plantas, cristais, flores, óleos etc. Em

seu diário, anotará todas as suas receitas, mapas, experimentos, desenhos e demais experiências em conexão com a mãe natureza.

- **Pentáculo** – É um símbolo sagrado de proteção, um talismã potente com cinco pontas, as quais representam: o espírito, na parte esquerda superior; a água, na parte direita superior; a terra, na parte esquerda embaixo; e o fogo, na parte direita embaixo; e simbolizam a união ao quinto elemento que é o *princípio vital.*
- **Taça** – Representa o encontro das energias masculina e feminina que criam uma gran-

de união mística. Símbolo de prosperidade, alegria e fertilidade em todas as áreas.

- **Xícara** – Parece um instrumento simples, mas é de fundamental importância para os trabalhos de magia. Pode servir para medir as receitas durante os preparos mágicos, assim como criar misturas de ervas. A xícara também pode ser usada para representar o elemento água. Conecta com a energia desse elemento em suas práticas. Os chás mágicos podem ser servidos em situações ritualistas.
- **Pilão e almofariz** – São objetos ancestrais, usados para triturar, moer e

amassar ervas e diversos alimentos e transformá-los em algo completamente novo. Muitos não sabem, mas representam e unem energias do sagrado masculino (o pilão) e do sagrado feminino (o almofariz), uma dupla ancestral usada há centenas de anos.

- **Tesouras e facas** – Esses dois instrumentos são essenciais para a colheita de ervas e plantas para a realização de seus trabalhos. Na magia devem ser usados com cuidado, pois podem ferir quem os usa e até machucar uma planta em sua colheita. Também são usados para cortar tecidos, colocar símbolos em velas, dar direções a energias.

- **Baqueta mágica** – É considerado o mais importante dos instrumentos. O seu formato fálico representa a presença e o poder do eu criador e a manifestação do magista. Representa na árvore da vida o pilar do meio, ou seja, o equilíbrio. Com a baqueta mágica, a energia tem o poder de descer do céu até a terra, pois a varinha, segundo a tradição, deve ter um fio condutor de cobre, conforme citado na obra *As clavículas de Salomão*. O cobre é o metal que corresponde a Vênus, a amante.

- **Copa (cálice)** – O cálice (do latim *cálix*) é a contraparte do *athame*. Na magia, esse instrumento simboliza a fertilidade da deusa e da grande mãe. O cálice pode substituir o caldeirão quando estiver ligado ao elemento água. Os magos podem usar cálices de prata, cristal e demais materiais. Simboliza particularidade feminina, a deusa, o útero, a fertilidade. Usa-se em diversos rituais e pode-se colocar água, vinhos sagrados e poções mágicas.
- **Caldeirão** – Não é uma simples panela grande. Atualmente, é um instrumen-

to de magia natural, em que ocorrem rituais de magia, preparos com ervas, acendimento de velas e queima de pedidos. Os caldeirões são fontes que geram energia, nos quais os magos jamais cozinham seus alimentos, pois são exclusivos para fazer as magias. Esse instrumento também simboliza a vida que pulsa no ventre de uma mãe.

- **Vassouras** – É símbolo de magia e de limpeza. Muitos magos a usam para limpar um ambiente que necessitam. A vassoura de palha é usada para diversos feitiços e magias.

- **Sino** – O sino se encontra em todas as religiões e representa a força feminina. O som tem o poder criativo para abrir cerimônias. É usado nas mais diversas religiões para receber bons espíritos.
- **Bastão** – É considerado um dos instrumentos mais importantes. É usado há milhares de anos em cerimônias religiosas e mágicas. O bastão tem o poder de invocação para chamar os deuses para assistir ao ritual. Também tem o poder de direcionar energia.
- **Incensário** – É um queimador de incenso. Usa-se em rituais de magia e é muito bom para rituais internos.

- **Bola de cristal** – É um antigo instrumento mágico usado para adivinhação contemplativa, vistas mentalmente ou no interior do cristal. Os cristais de quartzo são mais populares atualmente. A maioria das bolas é feita de vidro ou plástico e chegam a custar milhares de dólares, dependendo do tamanho.

O mais difícil é tomar a decisão de agir,
o resto é mera tenacidade.
Amelia Earhart

Capítulo 2

BANHOS

Para cada pessoa que atendo passo uma receita diferente. Não somos iguais, e cada um busca aquilo que é mais importante no momento. Esses banhos, se bem orientados, têm um excelente efeito para a vida de quem busca tranquilidade, atração, prosperidade e amor e queira combater o chamado olho gordo. A seguir você conhecerá a importância das ervas, plantas e demais componentes que nos auxiliam nos banhos.

Banho de tranquilidade

As plantas e ervas têm energia, assim como nosso corpo. Ajudam a nos trazer tranquilidade e paz. As ervas, como a lavanda, o alecrim, a rosa branca, o tomilho, a damiana, a artemísia, a cidreira e a casca de mulungu, ajudam a controlar a ansiedade e acalmar a mente. O maracujá, planta do gênero *Passiflora*, é um excelente calmante. No Brasil, encontramos 150 espécies silvestres de maracujás.

Banho de atracão

Canela não serve só para deixar pratos culinários mais saborosos. Se você tomar um banho de canela, ficará mais atraente para conquistas. É um ingrediente perfeito para conquistar aquela pessoa que tanto deseja. O banho funciona tanto para homens como para mulheres, em relacionamentos heteroafetivos e homoafetivos.

A mistura de canela e mel é mais poderosa ainda, pois o mel adiciona poder a sua conquista amorosa. Com isso, você vai atrair mais olhares por onde passar. As pessoas o olharão ainda mais nas ruas. Pode apostar!

Banho de prosperidade

Prepare seu banho conforme sua necessidade, pois a prosperidade chegará:

- **Folhas de louro**: lembrem-se de que os gregos coroavam seus campeões com folhas de louro, pois elas servem para atrair fortuna e abundância.
- **Cravo-da-índia**: ótimo estimulante para correr atrás de seus sonhos.
- **Girassol**: acelera mudanças, além de estimular a prosperidade. Muito bom para atrair dinheiro rápido.
- **Erva-doce**: traz vibrações positivas e atrai boas energias.
- **Anis-estrelado**: fundamental para quem quer atrair clientes e dinheiro, pois estimula a autoestima e a inspiração.

- **Eucalipto**: tem o poder de revigorar, por isso é um ótimo aliado da prosperidade.
- **Manjericão**: auxilia no equilíbrio energético e na renovação.

Banhos para o amor

Um bom banho para o amor leva rosas vermelhas. É esta flor que representa o amor. Junto com ela, pode ser usada uma essência afrodisíaca, com ingredientes de atração e que abrem caminhos. A quantidade de pétalas em número ímpar é mais indicada. A esse banho pode-se acrescentar erva-doce, paus de canela, um punhado de hibisco, anis-estrelado e a essência Ilangue-ilangue ou Ylang-ylang. A essência de baunilha também é uma excelente opção.

Banho para afastar olho gordo

Quem não quer proteção contra a inveja, a cobiça de outras pessoas? Este banho protege contra isso. Prepare seu banho com uma colher de chá de mel, três folhas de laranjeira, um pouco de camomila e três folhas de eucalipto. Coloque tudo para ferver em três litros de água. Deixe esfriar, coe e jogue em seu corpo da cabeça para baixo antes do banho diário. Devolva as ervas que sobraram à natureza.

Ninguém pode nos fazer sentir inferior
sem o nosso consentimento.
Eleanor Roosevelt

Capítulo 3

SIGNOS E OS QUATROS ELEMENTOS

Neste capítulo vamos falar sobre os doze signos astrológicos e os quatros elementos que os dividem: *fogo*, *terra*, *ar* e *água*. No zodíaco, a sequência correta é sempre esta: fogo, que é inspiração; terra, que se materializa; ar, que se espalha; e água que se dilui.

Os *signos de fogo* são Áries, Leão e Sagitário. As pessoas desses signos são solares e alegres, possuem uma luz interior muito forte e devem sempre se conectar com a energia solar, aumentando assim seu potencial. O entusiasmo é a natureza de todos os signos de fogo. Suas características marcantes são *autoestima* e *criatividade*.

Os *signos de terra* são Touro, Virgem e Capricórnio. A praticidade é a natureza das pessoas ligadas à terra, pois elas precisam sempre ter contato com a natureza, sentir a terra. Gostam de ter plantas e de andar descalças para sentir a energia da terra. Têm boa capacidade para lidar com as coisas difíceis da vida, são próperas e têm abundância, além de seguir bons caminhos. As características marcantes desse grupo são: *capacidade de lidar com a realidade* e *capacidade de realização*.

Os *signos de ar* são Gêmeos, Libra e Aquário. O pensamento é a natureza das pessoas ligadas ao ar. Por pensarem demais, demoram a tomar decisões. São sociáveis, gostam de conversar e possuem um grande poder de comunicação. Para trabalharem o elemento ar, aconselho o contato com a natureza: abrir os braços e deixar o ar passar pelo corpo, para limpar as energias. As características importantes desse grupo são: *clareza mental* e *sociabilidade*.

O *signos de água* são Câncer, Escorpião e Peixes. A emoção é a natureza da água, por isso a característica importante desses signos é a boa conexão que possuem com as próprias emoções e com a dos outros. São muito sensíveis e geralmente sofrem por isso, pois se doam demais e por vezes não há reciprocidade de sentimentos.

Devemos ter consciência que, na roda zodiacal, os signos formam pares. Mas quais são os elementos complementares dos signos? Por que dizemos que um signo é o complemento do outro?

Um signo de fogo, com seu ardor e idealismo, une-se a um de ar, com sua sociabilidade e curiosidade. Um signo de terra busca por segurança material, então completa-se com um signo de água, que busca segurança emocional.

ÁRIES
TOURO
GÊMEOS
CÂNCER
LEÃO
VIRGEM
LIBRA
ESCORPIÃO
SAGITÁRIO
CAPRICÓRNIO
AGUÁRIO
PEIXES

Também exsitem oposição entre os signos. O fogo, que representa a intuição, se opõe à terra, que representa a sensação; e o ar, que representa a razão, se opõe à água, que representa a emoção.

Nem sempre podemos fazer grandes coisas,
mas podemos fazer pequenas coisas com grande amor.
Madre Teresa de Calcutá

Capítulo 4

SIGNOS E AS ERVAS, PLANTAS, FLORES MÁGICAS E AS ESPÉCIES PARA CADA UM

Muita gente desconhece, mas cada signo está associado a algumas ervas. Se cada signo tem seu elemento, sua cor e sua pedra, por que não haveria de ter suas ervas? Você pode usá-la em chás, banhos, *sprays*, óleos essenciais, alimentos ou como achar mais adequado. A natureza, como as plantas, por possuir energia, tem poderes sobre nossa vida. É isto que nós vamos explorar agora.

Observação – É importante saber se você tem alergia ou restrição ao uso das ervas indicadas. Você pode usar as ervas de várias formas: em banhos, em saquinhos como proteção dentro da bolsa, na preparação de chás ou colocar em um recipiente em casa, principalmente a arruda, que nos protege.

- **Alecrim**: proteção e autoestima.
- **Algodão**: felicidade, proteção e paz.
- **Alho**: proteção de energias malignas e harmonia.
- **Anis-estrelado**: atração.
- **Arruda**: proteção, atrair coisas boas e tirar a negatividade.
- **Artemísia** (camomila-do-campo, erva-de-fogo, rainha-das-ervas): equilíbrio de energias.
- **Basílico**: amor e poder.

- **Baunilha**: atração, encanto e equilíbio.
- **Camomila**: tranquilidade e encanto.
- **Canela**: fortuna e atração.
- **Cereja**: atração, amor e prosperidade.
- **Coco**: harmonia, prosperidade e tranquilidade.
- **Cominho**: limpeza e atracão.
- **Espada-de-são-jorge**: bloqueia energias negativas, ótimo para se ter tanto dentro de casa como fora dela.
- **Eucalipto**: estimula a mente e aumenta a concentração.

- **Girassol**: fertilidade, espiritualidade e prosperidade.
- **Jasmim**: amor puro e tranquilidade.
- **Lavanda**: equilíbrio, purificação e relachamento.
- **Louro**: prosperidade e força.
- **Mirra**: proteção energética.
- **Noz-moscada**: prosperidade e abundância.
- **Patchuli**: atração e prosperidade.
- **Pimenta-vermelha**: proteção.
- **Romã**: fortuna e fecundidade.
- **Rosas**: amor, paixão e felicidade, dependendo da cor.

- **Salsinha**: prosperidade.
- **Sálvia**: poder físico e purificação.
- **Sândalo**: meditação, purificação e prosperidade.

Ervas boas para cada signo

As ervas também têm poderes, e algumas são convergentes com cada signo para poder tirar o melhor de cada um.

Áries

O *coentro* age para diminuir a ansiedade, acalma e fortalece este signo para enfrentar as adversidades do dia a dia. O *sândalo* traz os arianos de volta à realidade, pois está ligado ao primeiro chacra, além de os proteger das energias negativas e ajudá-los a não sucumbir pela depressão, pelo medo e pela agressividade. Como, por natureza, o ariano é muito agitado, o *orégano* o ajuda a se concentrar nas atividades diárias. Já o *capim-limão* faz com que as pessoas desse signo possam desacelerar um pouco, principalmente quando estão estressados, fazendo-os relaxar e diminuir a impulsividade.

Touro

O *tomilho* ajuda a trazer felicidade e coragem, além de ser um purificador espiritual. A *lavanda* alivia o estresse do dia a dia. Como os taurinos têm dificuldade de superar perdas, o *tomilho* ajuda-os a aceitá-las. O *alho-porro* tem o poder de fazer com que tenham a sensação de segurança, o que é importante para os taurinos no cotidiano.

Gêmeos

Alecrim representa a erva da alegria, que estimula nosso cérebro, e não deve faltar na vida deste signo. A *hortelã* ajuda na concentração, já que o geminiano faz muitas coisas ao mesmo tempo. Já a *erva-verde* auxilia as pessoas desse signo, que são tímidas, a ter mais coragem e espontaneidade. A *erva-cidreira* é excelente para os signos de ar, pois ajuda a não valorizar situações do passado e traumas sofridos e lembrados constantemente.

Câncer

A *salsa* ajuda a proteger energeticamente, pois o canceriano é um signo muito sensitivo. A *verbena* é excelente para aliviar o estresse, a ansiedade e combater ataques psíquicos. A *camomila* é capaz de trazer um aconchego "maternal", que faz falta às pessoas desse signo. A *melissa* alivia os traumas e dores do passado, principalmente da infância.

Leão

O *girassol* contribui para o leonino enxergar a luz própria, pois representa o Sol e a estrela leonina. A *calêndula* ajuda o leão a sair da jaula, ir à luta e relembrar sua força e seu poder pessoal. As pessoas desse signo precisam do *alecrim* porque essa erva faz com que enfrentem as lutas diárias, inclusive os ajuda na alegria, na motivação e na concentração. O *pat-*

chuli repele energias negativas e fortalece o magnetismo pessoal, o que o signo de Leão tem para dar e vender.

Virgem

O *eucalipto* contribui para que o virginiano possa compreender melhor suas emoções e não seja tão rígido com seus próprios sentimentos. O *funcho* auxilia no desejo de se aperfeiçoar cada dia mais e a reconhecer seus próprios talentos. O *manjericão* estimula o espírito para abrir a consciência e focar nos objetivos. A *melaleuca* é uma erva indispensável para os virginianos, posto que é extremamente eficaz por ser antibacteriana, antifúngica e controlar bem a sinusite, as dermatites, ter poder cicatrizante e de higienização da pele, além de ajudar na dor de cabeça e ter, também, outros benefícios.

Libra

Os librianos devem usar o *coentro* para controlar o excesso de vaidade e os ajudar a se valorizar de forma equilibrada. A *alfazema* traz sentimento de segurança na tomada certa de decisões após uma profunda análise da situação aos nascidos sob esse signo. Já a *genciana* ajuda no equilíbrio emocional na hora de tomar decisões, e a *aloe-vera* regenera e ajuda a parar de acreditar em limitações.

Escorpião

O *hibisco* tem o poder da luxúria e da paixão, energias que combinam com os escorpianos. A *artemísia* – também conhecida como *camomila-do-campo*, *erva-de-fogo*, *rainha-das-ervas* – ressalta o lado ocultista e misterioso desse signo e ajuda o escorpião a ter um contato mais íntimo com seu inconsciente. O *manjericão* serve para equilibrar todos os chacras e abrir mais a consciência, enquanto a *genciana* ajuda os nativos desse signo a não ser tão radicais, a não levar uma vida baseada em "oito ou oitenta", e colabora para aumentar o foco.

Sagitário

O *orégano* ajuda o sagitariano a criar raízes em seus projetos e a mantê-lo focado nesse objetivo. A *sálvia* fortalece a criatividade e a memória, auxilia nos ótimos argumentos. O *anis-estrelado* atrai sorte, fé e prosperidade financeira. A *canela*, além de combinar com vários alimentos, ajuda na proteção energética dos sagitarianos e a quebrar maldições de que as pessoas desse signo são vítimas devido a sua inocência.

Capricórnio

A *canela* atrai sorte e sucesso nas finanças dos capricornianos, o que é fundamental, já que para eles a prosperidade é muito importante. *Lótus* auxilia na tranquilização das emoções, clareia em todos os outros campos da vida e ilumina a vida dos capricornianos. A *valeriana* elimina sentimentos negativos, colaborando com os momentos de crise e dando mais confiança. O *bambu* representa que a vida tem momentos que nos curvamos, mas temos que prosseguir confiantes.

Aquário

A *canela* elimina a rebeldia, a insensibilidade e a frieza dos aquarianos, além de aumentar a fé e diminuir a descrença na vida. A *camomila* elimina sentimentos ruins e traz esperança e otimismo, o que vem a calhar, porque os nascidos nesse signo tendem sempre a se estressar durante o dia. O *alecrim* melhora a concentração e traz a alegria necessária para a vida diária. O *coentro* acalma a ansiedade e traz força e coragem para conseguir se libertar de padrões nocivos.

Peixes

A sálvia é perfeita para a meditação, além de ajudar o pisciano a recarregar sua energia no dia a dia. A *noz-moscada* auxilia na diminuição da ansiedade, atrai sor-

ÁRIES
TOURO
GÊMEOS
LEÃO
VIRGEM
LIBRA
ESCORPIÃO
SAGITÁRIO
CAPRICÓRNIO
AGUÁRIO
PEIXES
FOGO
TERRA
AR
ÁGUA
FOGO
TERRA
AR
ÁGUA
FOGO
TERRA
AR
ÁGUA

te, ajuda a clarear o raciocínio para focar nas coisas importantes, além de fortalecer a intuição. A *artemísia* equilibra e limpa profundamente a energia, e isso é fundamental, porque o pisciano absorve muitas energias ruins. O *gengibre* traz pessoas desse signo à terra, pois eles vivem no mundo da lua.

A vida é movimento e transformação.
Somos responsáveis pelas nossas escolhas e decisões.
Monja Coen

Capítulo 5

INCENSOS, RECEITAS PARA PROTEÇÃO, AMULETOS E A IMPORTÂNCIA DAS FASES DA LUA

Incensos

Os incensos são usados pela humanidade há milhares de anos em toda a parte. Veja alguns tipos para certas áreas da vida:

- **Amor**: rosas, patchuli e jasmim.
- **Meditação**: jasmim e mirra.
- **Fortuna**: sândalo e canela.
- **Proteção**: sálvia, palo santo (pau santo) e sal grosso.
- **Purificação**: louro, lavanda, sândalo, jasmim e canela.

Receitas para proteger você e a sua casa

Estas receitas têm poderes para defender você e sua casa:

1. Dentro de uma bolsinha de pano, coloque uma pimenta seca, um dente de alho, três ramos de arruda e uma pedra de ónix. Amarre e leve sempre com você. A cada três meses, deve-se trocar todos os ingredientes e lavar a pedra com água corrente e reutilizar.
2. Coloque sete pedras de cores diferentes e sete moedas douradas em vaso de vi-

dro com água. Deixe até o dia seguinte, para receber a energia da Lua. Tome um banho do pescoço para baixo com essa água. Deixe as pedras e as moedas como decoração na entrada de sua casa, para trazer proteção ao seu lar. Depois você pode acrescentar: sete cravinhos, três pauzinhos de canela, três dentes de alho e três pimentas. Esses ingredientes ajudam na proteção e prosperidade da casa. É importante colocar essa mistura onde as pessoas passam frequentemente.

Amuletos para afastar negatividade

Para afastar a negatividade, siga as seguintes orientações:

1. Coloque uma ferradura de cavalo na porta de entrada de sua casa, para afastar a negatividade e trazer prosperidade.
2. A joaninha traz fortuna, e você pode usar como bijuteria ou colocar sobre uma mesa em sua casa para decoração.
3. A pimenta pode ser usada como chaveiro ou dentro de uma bolsinha para levar com você como amuleto de proteção.

Fases da Lua

A Lua é um princípio feminino, tem ar misterioso e existem vários rituais ligados a suas fases.

- **Lua cheia** – Tem o poder de reforçar a magia e de ajudar as pessoas a realizar seus desejos. Características de atração, colheita e intuição.
- **Lua nova** – Excelente para mudanças, novos projetos e ideias ótimas. É usada em rituais de purificação.
- **Lua crescente** – Ligada à cura, evolução, crescimento, prosperidade, projetos de

amor e de felicidade. É ótima para rituais de amor e para o crescimento.

- **Lua minguante** – Boa para limpeza, desapego, términos, banimento, fim de ciclos e para afastar energias negativas.

Nada na vida deve ser temido, apenas compreendido.
Agora é a hora de entender mais, temer menos.
Marie Curie

Capítulo 6

SIGNOS E SUAS PEDRAS

Neste capítulo, vou indicar as pedras mais importantes para cada signo. Recomendo que andem com a pedra de seu signo sempre no bolso ou na bolsa. Tenham fé!

Áries – 21 de março a 19 de abril

Cornalina é uma pedra vital para dar força aos arianos. Favorece a saúde e o sucesso, mas também existem outras pedras vermelhas para proteção aos arianos. A pedra *rubi* também é ótima para pessoas desse signo, que têm grande energia, impulsividade e iniciativa, que combina com o vermelho da pedra rubi, cheia de vigor e paixão. Os arianos são movidos por uma força avassaladora e necessitam da graça, beleza e tranquilidade do rubi, que além de tudo dá apoio em momentos difíceis e concilia vários aspectos da vida.

Touro – 20 de abril a 20 de maio

Pedra de tons verdes, como a *esmeralda*, são vitais para os taurinos, que sentem amor incondicional. O *quartzo* rosa é ótimo para esse signo, pois é conhecida como a pedra do amor, da sedução, que está sujeita às emoções. Traz equilíbrio ao cotidiano e amor-próprio. Os taurinos amam o belo e nessa pedra encontram encantos e paz de espírito. O quartzo rosa os ajuda na construção da autoaceitação e da autoestima. Outras pedras do signo de touro são: *água-marinha*, *selenita* e *olho de tigre*.

Gêmeos – 21 de maio a 20 de junho

Pessoas desse signo têm muita criatividade, comunicação e força de pensamento, e eu lhes indico a *ágata*, que é da variedade do *quartzo* e sempre foi considerada um amuleto. Ela acalma as emoções e ajuda a fortalecer a saúde. Com variadas cores e tipos, representa o primeiro planeta do sistema solar, Mercúrio. Se não encontrar a ágata, a pedra *citrino* representa o cristal da prosperidade e é muito boa para esse signo também.

Câncer – 21 junho a 22 de julho

A *pedra da lua* representa o poder feminino, a intuição. É uma pedra linda, e os homens também podem adquiri-la, já que ela equilibra as emoções e os auxilia a perceber melhor as coisas ruins e boas antes que aconteçam.

Leão – 23 de julho a 22 de agosto

Indico aos leoninos a *pedra do sol*, que representa força, sucesso, liderança e disciplina. E também a pedra *olho de tigre*, do grupo do quartzo, considerada líder entre pedras e cristais quando falamos em proteção geral, pois afasta energias ruins e inveja e traz clareza e paz ao pensamento. O *âmbar* pode substituir a pedra olho de tigre, pois traz proteção, saúde e, também, é um amuleto de boa sorte.

Virgem – 23 de agosto a 22 de setembro

Amazonita está ligada ao Amazonas. É uma pedra muito rica em vários sentidos, pois ajuda a tratar tanto o corpo como a parte espiritual e emocional. Tem a capacidade de tirar os pensamentos negativos, trazendo o bom senso nas ações e nos pensamentos. É uma pedra muito boa para quem está sofrendo de estresse, insônia e emoções desequilibradas.

Libra – 23 de setembro a 22 de outubro

Quartzo rosa traz amor, equilíbrio e harmonia, e *quartzo verde* estimula a saúde por completo, rejuvenesce o corpo e nos fortalece para a autocura. Tem o poder de transmitir a energia curativa do raio verde para as células. Protege das pessoas que têm energia vampiresca e modifica energias negativas em positivas, além de atrair prosperidade.

Escorpião – 23 de outubro a 21 de novembro

Granada geralmente possui tons avermelhados fortes e é considerada a pedra do amor, da proteção e do sucesso. É usada para esses propósitos desde os povos antigos. Age positivamente em relacionamentos amorosos e na saúde mental e física. A *esmeralda* emite a energia do raio verde e é muito boa para os escorpianos.

Sagitário – 22 de novembro a 21 de dezembro

Soldalina é excelente para o signo de Sagitário, que é muito intuitivo, pois ajuda na elevação espiritual, protege energeticamente e é boa para os momentos de meditação. As vibrações da pedra equilibram a energia mental, além de ajudar a consciência espiritual e acalmar as emoções, que são muitas nos sagitarianos. A *ágata*, variedade de quartzo, é uma ótima pedra para esse signo também. Essa pedra sempre foi considerada um amuleto, pois acalma as emoções e ajuda a fortalecer a saúde. Com variadas cores e tipos, representa o primeiro planeta do Sistema Solar, Mercúrio. *Lápis-lazúli* traz proteção, comunicação, talento e criatividade.

Capricórnio – 22 de dezembro a 19 janeiro

Ônix é uma pedra que está relacionada a proteção e pode ser usada para descobrir onde estão as energias negativas e transmutá-las em positivas, trazendo maior clareza para a vida do capricorniano. As energias negativas estão presentes de várias formas, como no olho gordo, inveja e mau-olhado, e a ônix age contra tudo isso. É fundamental proteger-se, porque as energias negativas prejudicam a energia vital de uma pessoa, fazendo com que ela adoeça e sinta dores inexplicáveis, além de outros males.

Aquário – 20 de janeiro a 18 de fevereiro

Quartzo branco traz luz, paz e harmonia. *Lápis-lazúli* tem como cor principal o azul profundo, mas também pode ser encontrada nas cores brancas e douradas. É muito comum encontrarmos pedaços de pirita nessa pedra, o que causa a impressão de brilhos de estrelas. É considerada a pedra da sorte. Além de ser bela e poderosa, proporciona cura espiritual, física e energética. Harmoniza vários campos da vida, como dinheiro, saúde, estudos e família.

Peixes – 19 de fevereiro a 20 de março

Ametista é uma das mais belas e reverenciadas pedras do mundo. Está ligada à proteção, sendo considerada a pedra do equilíbrio e da sabedoria. Tem o poder de captar a energia vital de um ambiente. Ajuda a transmutar de um estado de consciência normal para um estado meditativo, desbloqueia medos, fortalece amizades, elimina energias negativas, acalma tensões mentais, acelera o metabolismo, evita a ansiedade e a insônia, além de ser ótima para diminuir a depressão e estimular a motivação e a memória. A *água-marinha* também é uma pedra excelente para os piscianos. Com sua cor azul do céu e do mar,

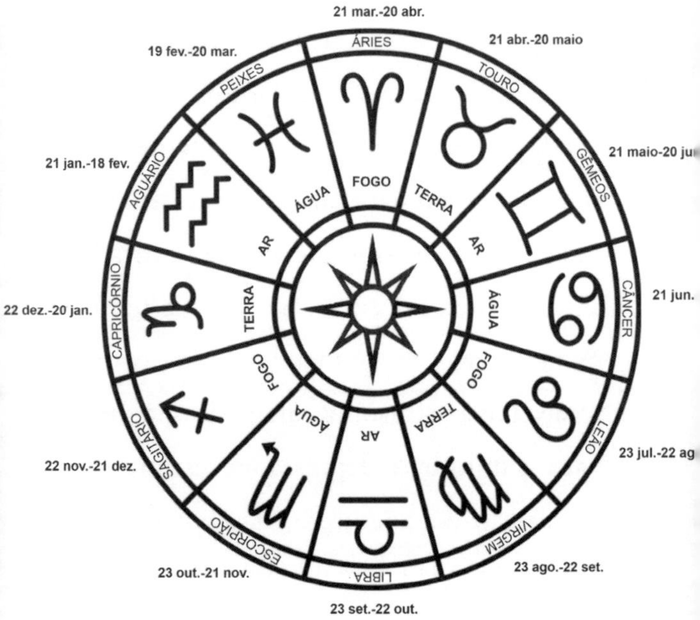
21 mar.-20 abr.
ÁRIES
21 abr.-20 maio
TOURO
21 maio-20 ju
GÊMEOS
21 jun.
CÂNCER
23 jul.-22 ag
LEÃO
23 ago.-22 set.
VIRGEM
23 set.-22 out.
LIBRA
23 out.-21 nov.
ESCORPIÃO
22 nov.-21 dez.
SAGITÁRIO
22 dez.-20 jan.
CAPRICÓRNIO
21 jan.-18 fev.
AGUÁRIO
19 fev.-20 mar.
PEIXES
FOGO
TERRA
AR
ÁGUA
FOGO
TERRA
AR
ÁGUA
FOGO
TERRA
AR
ÁGUA

proporciona calma, reduz o estresse, eleva a espiritualidade e dá paz. Desde tempos antigos protege em viagens marítimas.

A verdadeira generosidade consiste em
entregar-se completamente e, mesmo assim,
sentir que não lhe custou nada.
Simone de Beauvoir

Capítulo 7

VELAS PARA CADA SIGNO E SEUS SIGNIFICADOS

Velas

Cada vela tem um significado, conforme a sua cor.

Amarela: sucesso, inteligência e amizade.
Azul: proteção espiritual.
Branca: paz e tranquilidade.
Laranja: poder espiritual e criatividade.
Marrom: justiça.
Ouro: riqueza.
Prata: proteção.
Preta: é uma cor delicada, pois pode ser usada tanto para tirar, afastar a negatividade, dependendo como a usamos.

Rosa: amor e romantismo.
Verde: fertilidade e fortuna.
Vermelha: paixão, vitória e vitalidade.
Violeta: capacidade espiritual e psíquica.

Agora veja a relação das velas coloridas com os signos.

Áries – Vela de cor vermelha, porque é a cor do amor, da paixão, da intensidade e do sexo. Tem o poder de emanar energia vital. Pode ser usada para causas urgentes por meio de orações ou rituais.

Touro – Vela de cor verde, pois emana vitalidade, saúde e ajuda a aumentar a imunidade em casos de doença e equilíbrio. A cor verde também é usada em rituais para atrair prosperidade.

Gêmeos – Vela de cor amarela, porque representa a cor do Sol, a maior fonte de energia da Terra. A vela conecta os geminianos diretamente com a sabedoria do Universo. A chama atrai prosperidade, abundância e riqueza. Ajuda na criatividade e a levantar o astral quando a pessoa se sente abatida e desanimada.

Câncer – Vela de cor branca reflete o contato com o divino, a união de todas as luzes, o amor universal e a paz em todas as orações, meditações, simpatias e rituais. A vela branca de gêmeos tem o poder de apaziguar relações conflituosas no trabalho e na família.

Leão – Vela de cor laranja, que está ligada à energia artística e à criatividade. Excelente em rituais e orações, pois revitaliza o sistema psicológico e emocional. Indicada para os momentos de fragilidade emocional dos leoninos.

Virgem – Vela de cor marrom, que representa as raízes, a terra. Ajuda a ter pensamentos firmes, a ter foco e concentração. A vela virginiana é positiva para atrair sucesso nos objetivos e nos sonhos. Tem o poder de ajudar pessoas desse signo na tomada de decisões, colocando seus pés no chão.

Libra – Vela de cor rosa-claro, como outros tons de rosa, representam o romance e o amor e remetem ao amor universal. Os librianos devem usar esta vela em seus rituais e simpatias para atrair a compaixão e o amor-próprio. Também é muito positiva quando se quer perdoar alguém ou perdoar a si próprio, pois elimina o rancor e traz de volta a energia do amor.

Escorpião – Vela de cor rosa, que representa romance e amor, mas com mais intensidade. Ajuda pessoas desse signo a tornarem-se mais abertas e dizerem o que sentem às pessoas que precisam. A vela de escorpião está ligada à sensibilidade.

Sagitário – Vela de cor azul intenso, que transmite tranquilidade, equilíbrio e segurança. Nos tons azuis mais fortes, estão ligadas à paz no ambiente e à alegria. A vela do Sagitário atrai prosperidade e abre horizontes profissionais. Sugiro que acenda a vela quando estiver numa situação de dúvida profissional ou pessoal, ou em busca de um trabalho novo. Faça seu pedido com fé e vibre na frequência dessa energia positiva.

Capricórnio – Vela de cor preta é a soma de todas as cores e, ao contrário do que muitos pensam, é uma cor positiva que absorve energias a nossa volta. Deve ser usada em rituais, orações de proteção e simpatias. Sempre que sentir energias negativas ao seu redor, acenda a vela preta e vibre em sintonia com a alegria e o amor; assim conseguirá atrair coisas positivas para a sua vida.

Aquário – Vela de cor azul-claro, que está relacionada à lealdade, aos negócios e às energias positivas do Universo. Deve ser usada em orações e rituais para a conquista da paz interior e da inspiração para manter um emprego ou as relações profissionais; por exemplo, um cliente que é importante para você.

Peixes – Velas de todos os tons de roxo estão ligadas à espiritualidade desse signo. A vela de peixes tem o poder de transmutar de energia transformando em positivo as energias ao seu redor. É ótima para pessoas que têm vícios, pois ajudam a curar esses males, ou comportamentos compulsivos. Protege os piscianos da negatividade.

Cancer
Leo
Virgo
Ursa Major
Taurus
Lynx
Andromeda
Draco
Pegasus
Hercules
Scorpius
Aquila
Ursa Minor
Sygnus

A magia pode nos ajudar a encontrar um
bom caminho, mas depende de nós aprender
a semear e plantar a verdadeira felicidade.

Luciene Balbino

Capítulo 8

REPRESENTATIVIDADE DAS CARTAS E CARTAS DE CADA SIGNO

Cada carta representa a regência de nossa vida, e cada arcano protege um signo. Para isso, temos que seguir a fórmula a seguir descrita.

- Some os números do dia, mês e ano do seu nascimento. A soma precisa dar um número único, de 1 a 9. Como exemplo, veja: quem nasceu no dia 15/01/1970 deverá somar 1 + 5 + 0 + 1 + 1 + 9 + 7 + 0 = 24. Para o resultado final, some, então, 2 + 4 = 6.

Agora, vejamos o número da carta relacionado ao seu arcano e o significado de cada um:

- *Número 1* – **Carta do Mago**: ligada às pessoas criativas, sempre em movimento, com dons espirituais, que estão sempre aprendendo.
- *Número 2* – **A Papisa**: representa pessoas tranquilas, pacientes, daquelas que só elas mesmas podem bloquear o seu próprio caminho. Não deve ficar parada, pois não chegará a lugar nenhum, portanto movimentar-se e estudar sempre para encontrar bons caminhos.
- *Número 3* – **A Imperatriz**: pessoas inteligentes, exitosas, com espírito jovem,

muito familiar, gostam de resolver o problema dos outros e têm prosperidade em todas as áreas da vida.

- *Número 4* – **Carta do Imperador**: pessoas de caráter forte, com autoestima, são líderes e ótimas para comandar, são muito preocupadas com o trabalho e com a parte material, conseguem tudo o que querem na vida, principalmente na parte material.
- *Número 5* – **Carta do Papa**: pessoas extremamente espirituais, fiéis, equilibradas, que conseguem resolver os seus

problemas e das outras pessoas. Têm a missão de ajudar as pessoas.

- *Número 6* – **Os Enamorados**: gostam de liberdade, têm prosperidade em todas as áreas da vida, principalmente na financeira. No amor, sentem dificuldade de se entregar aos sentimentos.
- *Número 7* – **Carta do Carro**: pessoas agitadas, possuem uma força incrível e têm portas abertas em todas as áreas da vida para muito sucesso, só que precisam equilibrar a cabeça (*ori*) para que a vida flua em caminhos positivos.

- *Número 8* – **Carta da Justiça**: pessoas justas, que gostam de harmonia, um pouco indecisas, que necessitam encontrar o equilíbrio por intermédio da espiritualidade para serem menos indecisas ao tomar decisões. A justiça está sempre a seu favor.
- *Número 9* – **Carta do Eremita**: pessoas tranquilas que analisam bem as coisas antes de tomar uma decisão e têm uma missão espiritual de grande responsabilidade. Muitos tornam-se padres, pastores, pais de santo, guias espirituais

etc. Para as pessoas da carta de número 9, as coisas demoram mais a acontecer porque o eremita representa uma pessoa mais velha, tem mais lentidão para realizar as coisas.

Cartas para cada signo

Você deve atentar que há uma carta relacional para cada signo.

Áries | O Imperador

É um signo regido pelo elemento fogo e, como é muito impulsivo, muitas vezes se prejudica pelos maus comportamentos. A regência deste arcano pode lhe trazer excelentes potencialidades, pois o imperador traz consigo dinamismo e qualidades que podem contribuir com o seu processo de evolução e progresso. São grandes empreendedores quando direcionam a vida a um grande objetivo.

Touro | O Papa

Touro é um signo da terra. Embora tenha uma personalidade forte, como é regido por esta carta tende a ser mais paciente e prudente. Os taurinos tendem à introspecção e a um comportamento conservador. É importante para pessoas deste signo compreenderem a sua natureza dentro dos mistérios e suspenses da vida e o significado da sua existência.

Gêmeos | Enamorados

É um signo do ar que está sempre em busca de conhecimento e procura estimular os outros para isto também, além de ser muito comunicativo e bem sociável. É importante para um geminiano estar centrado para poder fazer escolhas certas.

Câncer | O Carro

É um signo da água, que representa a sua total sensibilidade. O canceriano precisa tomar as rédeas de sua vida e ser mais confiante. Só assim conseguirá algo que é muito importante: conquistar o equilíbrio entre a emoção e a razão e fazer boas escolhas.

Leão | A Força

É um signo do elemento fogo e irradia brilho porque é regido pelo Sol. É fundamental que busque equilíbrio entre razão e emoção. Leoninos precisam prestar atenção em seus instintos e impulsos para não magoar as pessoas. Devem viver de acordo com o que acreditam, sem dar importância ao que os outros pensam a respeito.

Virgem | O Eremita

É um signo regido pela terra. Por ser um signo muito terreno, acaba sendo muito racional em vários aspectos da vida. É importante que cuidem da espiritualidade para desenvolver o autoconhecimento.

Os virginianos precisam compreender o que acontece no interior deles.

Libra | A Justiça

É um signo regido pelo ar. Pessoas deste signo precisam avaliar as situações como são de verdade e não como acham que são, atuando sempre com o senso de justiça. Aconselho a usarem o crivo intelectual, pois, com certeza, terão melhores resultados como equilíbrio e harmonia no ambiente em que vivem ou de que participam.

Escorpião | A Morte

É um signo regido pela água. O arquétipo morte transporta emoções muito intensas e deixa os instintos bem apurados. Perceber as suas sombras e aprender a lidar com as transformações é fundamental para os escorpianos, pois precisam deixar o velho ir embora para que o novo surja. O passado deixa pessoas deste signo com a vida estagnada, por isso é urgente libertarem-se.

Sagitário | A Temperança

É um signo regido pelo fogo. Seu elemento traz vitalidade e intensidade. Pessoas deste signo estão sempre prontas para viagens e para viver aventuras. São pessoas expansivas e que procuram ter o controle e o equilíbrio para manter a sua história. Para os sagitários as situações são como são e não há como transformá-las de uma hora para outra. Às pessoas deste signo aconselho que sejam fiéis ao que são mesmo quando decidem viver uma vida com espiritualidade.

Capricórnio | O Diabo

Signo regido pelo elemento terra. São pessoas que precisam tomar cuidado com o excesso de materialismo, com condicionamentos e com vícios de comportamento que lhes prejudicam. Os capricornianos precisam aprender a lidar com as suas emoções e buscar uma vida prazerosa mas de forma sábia e inteligente.

Aquário | A Estrela

É um signo regido pelo elemento ar. É importante que pessoas deste signo foquem a sua vida com alegria, esperança e liberdade. Precisam libertar-se dos condicionamentos e dos vícios mentais que os aprisionam e os limitam. Aconselho que se

conectem com a espiritualidade, pois isso os ajudará a ter bons resultados.

Peixes | A Lua

É um signo regido pelo elemento água. Os piscianos são muito sensíveis e precisam manter-se em equilíbrio dentro de suas emoções, tendo a consciência de que elas agem sobre pessoas de peixes. Aconselho que olhem para dentro de si mesmos e conheçam as suas sombras, pois isso os ajudará a ter diferentes resultados ao longo da vida e conquistarão o que necessitam para viver a existência da forma que decidirem.

Não coloque limites em seus sonhos. Coloque fé.

Autor desconhecido

Você é incrível. Nunca duvide do quanto você pode.

Maria do Sol

Capítulo 9

BANHOS PARA VÁRIAS SITUAÇÕES DA VIDA

A magia está dentro de você! A felicidade está em suas mãos. Neste capítulo vou lhe presentear com vários tipos de banhos: de tranquilidade, de atração, de prosperidade e para o amor, que são maravilhosos para ajudá-lo a ter uma vida mais plena e feliz. Sempre precisamos alinhar nossas emoções e objetivos de vida. Os banhos, com certeza, o ajudarão nessa jornada. Aproveite!

Receitas de banhos

Para tranquilidade

1. Lave a cabeça com produtos feitos de coco, ou seja, usar água de coco sempre

que possível para lavar a cabeça e enxaguá-la. Saiba, também, que tomar banho de corpo inteiro com água de coco traz prosperidade.

2. Cozinhe uma xícara de canjica branca com água, deixe esfriar e, após o banho normal, jogue da cabeça aos pés esse líquido, pedindo tranquilidade, harmonia e paz.

3. Pegue um pouco de alecrim com água e coloque para ferver durante dez minutos. Depois, desligue o fogo e espere esfriar. Em seguida, coloque um pouco de manjericão e amasse com as mãos. Deixe

descansar por dez minutos e, após o seu banho normal, jogue em seu corpo da cabeça aos pés.

4. Outro banho para a tranquilidade leva lavanda e erva-doce. Coloque para ferver com água essas duas ervas, deixe esfriar e jogue sobre seu corpo da cabeça aos pés, pedindo tranquilidade, harmonia e paz na sua vida.

Para a atração

1. Uma rosa vermelha, um pedaço de canela, noz-moscada, uma maçã e gotas do seu perfume (pode colocar junto com a

rosa, se preferir). Ponha tudo para ferver por 10 minutos, menos a rosa e as gotas do perfume. Depois de fervido, desligue o fogo e coloque as pétalas da rosa e o perfume junto com os outros ingredientes. Deixe esfriar e tome seu banho de encanto do pescoço para baixo.

2. Coloque hibisco, um pouco de açúcar, um pouco de erva-doce e sete cravos na água. Antes de colocar no fogo, coloque o seu nome dentro do recipiente e deixe ferver por 10 minutos. Após esfriar a água, tome banho do pescoço para baixo. Se desejar, coloque o nome da pessoa

em quem você está interessado também para ferver, pois assim ela sentirá atração por você.

3. Uma rosa vermelha, uma rosa amarela, um pouco de baunilha e sete cerejas. Coloque tudo em uma bacia e amasse com as mãos. Deixe repousar por uma hora e joque sobre seu corpo da cabeça aos pés. Esse banho vai fazer com que as pessoas o vejam mais bonito e atrairá tudo o que deseja em sua vida.

4. Sete cerejas, um champanhe ou espumante, um pouco de purpurina, canela, gotas do seu perfume, um pouco de cra-

vo e de erva-doce. Amasse a cereja e misture os demais ingredientes com as mãos, pedindo proteção. Deixe descansar por 10 a 15 minutos. Primeiro lave o rosto com esta água, olhando-se no espelho, e deixe cair a água no recipiente. Logo depois, jogue a água do pescoço para baixo, pedindo proteção, encanto e tudo o que você desejar.

Para a prosperidade

1. Seis folhas de louro, seis cravos, seis sementes de girassol, um pouco de arroz cru: misture todos os ingredientes e dei-

xe ferver. Coe e tome banho do pescoço para baixo. Tudo o que sobrar leve a um lugar movimentado. Pode ser uma praça ou uma estrada. Peça que a sua vida financeira melhore.

2. Água de coco, água de rio, água de rosas, cinco folhas de louro, erva-doce e girassol. Coloque tudo em uma bacia (exceto o louro) e amasse. Ferva o louro e acrescente os outros ingredientes. Deixe esfriar e tome banho do pescoço para baixo pedindo prosperidade. Tudo o que sobrar não se joga no lixo, se devolve à mãe natureza.

3. Água do mar e milho de galinha. Coloque o milho na água do mar e deixe descansar por duas horas. Depois que descansar, coe e reserve o milho coado. Você vai tomar o seu banho normal e, em seguida, se banhar com a água do milho do pescoço para baixo pedindo movimento na sua vida, prosperidade e vida financeira melhor. Devolva o milho à mãe natureza.

4. Seis anis-estrelado, seis folhas de louro, seis cravos-da-índia e alecrim. Coloque tudo para ferver. Deixe esfriar e, após o banho normal, banhe-se com o preparo

do pescoço para baixo, sempre pedindo prosperidade e mentalizando coisas boas. Pensamentos positivos.

Para o amor

1. Sete pétalas de rosa, dois pedacinhos de canela, um hibisco, dois anis-estrelados. Escreva o seu nome e o da pessoa amada oito vezes, coloque tudo na água e deixe ferver. Depois que esfriar, deve-se tomar o banho do pescoço para baixo pedindo que o amor aumente entre as duas pessoas, ou que chegue um novo amor para você, ou que o amor que você tem aumente.

2. Uma maçã cortada em duas partes, seu nome e o da pessoa amada. Coloque isso dentro de uma panela com água para ferver por 5 a 6 minutos, acrescentando um pouco de canela, cravo, noz-moscada e erva-doce. Deixe esfriar e tome o seu banho do pescoço para baixo, pedindo mais amor entre vocês, mais atração e tudo o mais que você deseja da sua parte sentimental. Depois acenda duas velas cor-de-rosa e peça que a pessoa sinta amor por você, que o amor dela só aumente. Faça todos os seus pedidos. Tudo que sobrar leve a um jardim bonito, que tenha flores.

3. Três folhas de louro, um pote de vidro, um pouco de açúcar, quatro colheres de café em pó e canela. Escreva o nome da pessoa e o seu em um papel, coloque açúcar no fundo do vidro, com os nomes escritos, a canela e o pó de café em cima. Após ter colocado todos os ingredientes no pote, você deve mexer bem com uma colher, tampar e guardar por oito dias. Quando você abrir o pote após esses oito dias, deve mexer tudo novamente pedindo que a pessoa fique com você, o amor aumente, que vocês fiquem bem, tenham harmonia e tudo o que você deseja dessa

pessoa. Tudo que está no pote, você vai despejar numa bacia com água e vai tomar banho com essa água.

4. Este banho precisa de um fio de cabelo da pessoa amada, um fio de cabelo seu, para se colocar em um vidro com hibisco, mel, canela e água. Mexer bem, tampar o vidro e deixar guardado por cinco dias. Após esse tempo, você deve pegar esse vidro e enterrá-lo em algum lugar e esquecer lá. Vida que segue.

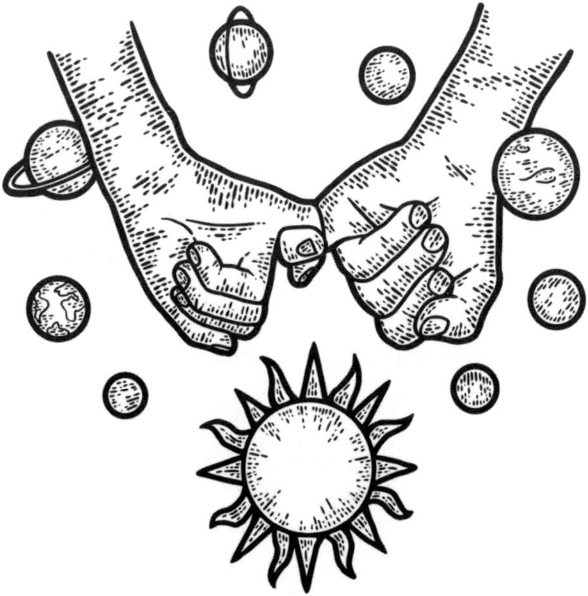

MARIA DO SOL, TAMBÉM CONHECIDA COMO MAGIA DO SOLE, SE DESTACA COMO TARÓLOGA E CARTOMANTE E FAZ PONTE ENTRE BRASIL E EUROPA

Revelações sobre o passado, orientações sobre o presente e previsões sobre o futuro atraem milhares de clientes às *consultas esotéricas da profissional: "Sou cartomante pelo meu dom de intuição e por minha espiritualidade"*

Para muitos, dom é uma herança passada de geração em geração. Assim foi com **Maria do Sol**. Sua bisavó era índia e se envolveu com um cigano, trazendo ares místicos à família, quando aprendeu a leitura das cartas e a prática da adivinhação. Passado de mãe para filha, de todos os irmãos, Maria foi a única a dar continuidade e hoje se consagra levando seu esoterismo do Brasil à Itália. "Sempre tem alguém na família que acaba seguindo esse lado, e eu continuei essa missão espiritual", explica.

Prática de importância histórica, segundo Magia, a cartomancia e o tarô vieram dos tempos antigos, desde os tempos em que a monarquia imperava. "Antes de ir para uma batalha, era comum pedir previsões para oráculos... tarólogos, pessoas que liam as estrelas, entre outros", afirma.

Intuição e estudo

Taróloga e cartomante, Maria afirma que existe sim diferença e coloca seu diferencial justamente na cartomancia. De acordo com a profissional, "cartomante é a pessoa sensitiva que tem o dom da intuição e da espiritualidade. É uma habilidade passada por meio das gerações familiares". Já a tarologia consiste na especialização na leitura de cartas de tarô e seus diferentes jogos. "Uso ambas sempre a serviço do bem".

Utilizando todo o fruto de seus estudos, sua intuição sempre vem em primeiro lugar na prática da adivinhação através do baralho de cartas e espiritualidade. "Às vezes sai uma determinada carta e eu não falo o significado dela, e sim o que a minha intuição e minha espiritualidade falam. É o meu diferencial quanto aos demais".

Diferentes técnicas

Como toda arte, a leitura de cartas possui diversas técnicas. Morando na Itália há alguns anos, a cartomante opta por usar a mais difundida na Europa, o baralho de Marselha, um dos mais antigos e tradicionais do mundo. "Existe baralho cigano e egípcio, entre outros. Cada profissional se identifica com um a partir da energia, das ilustrações e das crenças". Para explicar todas as técnicas e desenvolver a intuição e a espiritualidade de todos, Magia dá cursos desde 2010, tanto no Brasil quanto na Itália.

Não somente o baralho tem diferença, mas até mesmo a forma de expor as cartas. "Existem várias tiragens: com uma carta, três cartas, em cruz e muitas outras. Nas minhas consultas eu misturo algumas delas, de acordo com a necessidade e os caminhos do jogo. Também faço uma tiragem específica para a vida amorosa, conhecida como Templo de Afrodite", explica Magia, que diz usar todas as cartas, diferente da maioria dos tarólogos que se limitam aos 22 arcanos maiores.

Além de ler as cartas, a taróloga é mestre reikiana, ou seja, ministra o Reiki, uma terapia integrativa que visa restaurar o equilíbrio físico, regularizar funções vitais e equilibrar o campo mental e emocional impondo as mãos e utilizando cristais. "Cada pedra e cristal tem suas propriedades e são indicados para alinhar chacras específicos".

"Tarô não tem nada a ver com religião"

Por mais que se trate de uma prática milenar muito difundida até hoje, o misticismo ainda gera muito preconceito, ligado também à intolerância religiosa e ao medo do sobrenatural, de acordo com a taróloga. "Tarô não tem nada a ver com religião", afirma. Além disso, o oposto também acontece, quando há a total descrença de que energias místicas e espirituais existam.

A cartomante também diz que o preconceito se deve aos profissionais que não usam esse conhecimento de forma correta. "Infelizmente, muitos usam esse dom para prejudicar e enganar outras pessoas". Mas destaca alguns profissionais que fazem o bem e que são referência no segmento, como João Bidu, Márcia Fernandes e Daniel Atalia.

Futuro

Magia vê sua jornada como uma missão espiritual de ajudar pessoas e assim seguirá. Segundo a taróloga, a maioria das pessoas a procuram para saber sobre o futuro em questões relacionadas a amor e prosperidade. Também vão em busca de tranquilidade através de seus banhos calmantes.

Quanto às previsões gerais para o futuro, Margia fala sobre a pandemia: "Vejo que a pandemia tem a ver com a mão do homem e dos seres divinos. Faz parte do processo de purificação da terra".

Saiba mais sobre Magia do Sole:

https://www.magiadosole.com/

https://www.instagram.com/magia_do_sole/

Informações para a imprensa:

Aline Nobre – **alinenobre@nobreassessoria.com**

Lucas Pasin – **lucas@nobreassessoria.com**